1
2
3
4
5
6
7
8
9
10
11
12
13
14
15
16
17
18
19
20
21
22
23
24
25
26
27
28
29
30
31
32
33
34
35
36
37
38
39
40
41
43
44
45
47
48
49
50
52
54
57
58
59
60
61
62
63
64
65
66
67
68
69
70
71
72
73
74
75
76
77
78
79
80
81
82
83
84
85
86
87
88
89
90
91
92
93
94

Never give up!

1
2
3
4
5
6
7
8
9
10
11
12
13
14
15
16
17
18
19
20
21
22
23
24
25
26
27
28
29
30
31
32
33
34
35
36
37
38
39
40
41
42
43
44
45
46
47
48
49
50
51
52
53
54
55
56
57
58
59
60
61
62
63
64
65
66
67
68
69
70
71
72
73
74
75
76
77
78
79
80
81
82
83
84
85
86
87
88

YOU
ARE
PURR-FECT

1
2
3
4
5
6
7
8
9
10
11
12
13
14
15
16
17
18
19
20
21
22
23
24
25
26
27
28
29
30
31
32
33
34
35
36
37
38
39
40
41
42
43
44
45
46
47
48
49
50
51
52
53
54
55
56
57
58
59
60
61
62
63
64
65
66
67
68
69
70
71
72
73
74
75
76
77
78
79
80
81
82

BE
SOME-BUNNY
AWESOME!

1
2
3
4
5
6
7
8
9
10
11
12
13
14
15
16
17
18
19
20
21
22
23
24
25
26
27
28
29
30
31
32
33
34
35
36
37
38
39
40
41
42
43
44
45
46
47
48
49
50
51
51
52
53
54
55
56
57
58
59
60
61
62
63
64
65
66
67
68
69
70
71
72
73
74
75
76
77
78
79
80
81
82
83
84
85
86
87
88
89
90
91
92
93
94
95
96
97
98
99

Have a n-ice day!

1
2
3
4
5
6
7
8
9
10
11
12
13
14
15
16
17
18
19
20
21
22
23
24
25
26
27
28
29
30
31
32
33
34
35
36
37
38
39
40
41
42
43
44
45
46
47
48
49
50
51
52
53
54
55
56
57
58
59
60
61
62
63
64
65
66
67
68
69
70
71
72
73
74
75
76
77
78
79
80
81
82
83
84
85
86

THE FUTURE IS YOURS!

1 2 3 4 5 6 7 8 9 10 11 12 13 14 15 16 17 18 19 20 21 22 23 24 25 26 27 28 29 30 31 32 33 34 35 36 37 38 39 40 41 42 43 44 45 46 47 48 49 50 51 52 53 54 55 56 57 58 59 60 61 62 63 64 65 66 67 68 69 70 71 72 73 74 75 76 77 78 79 80 81

THINK PAW-SITIVE!

1
2
3
4
5
6
7
8
9
10
11
12
13
14
15
16
17
18
19
20
21
22
23
24
25
26
27
28
29
30
31
32
33
34
35
36
37
38
39
40
41
42
43
44
45
46
47
48
49
50
51
52
53
54
55
56
57
58
59
60
61
62
63
64
65
66
67
68
69
70
71
72
73
74
75
76
77
78
79
80
81

LOOK OUT FOR EACH OTHER!

1
2
3
4
5
6
7
8
9
10
11
12
13
14
15
16
17
18
19
20
21
22
23
24
25
26
27
28
29
30
31
32
33
34
35
36
37
38
39
40
41
42
43
44
45
46
47
48
49
50
51
52
53
54
55
56
57
58
59
60
61
62
63
64
65
66
67
68
69
70
71
72
73
74
75
76
77
78
79
80
81
82
83
84
85
86
87
88
89
90
91
92
93

Eggs-plore the World!

1
2
3
4
5
6
7
8
9
10
11
12
13
14
15
16
17
18
19
20
21
22
23
24
25
26
27
28
29
30
31
32
33
34
35
36
37
38
39
40
41
42
43
44
45
46
47
48
49
50
51
52
53
54
55
56
57
58
59
60
61
62
63
64
65
66
67
68
69
70
71
72
73
74
75
76
77
78
79
80
81
82
83
84
85
86
87
88
89
90
91
92
93
94
95
96
97
98
99
100
101
102
103
104
105
106
107
108
109
110
111
112
113
114
115
116
117

Focus on the Good!

1
2
3
4
5
6
7
8
9
10
11
12
13
14
15
16
17
18
19
20
21
22
23
24
25
26
27
28
29
30
31
32
33
34
35
36
37
38
39
40
41
42
43
44
45
46
47
48
49
50
51
52
53
54
55
56
57
58
59
60
61
62
63
64
65
66
67
68
69
70
71
72
73
74
75
76
77
78
79
80
81
82
83
84
85
86
87
88
89
90
91
92
93
94
95
96
97
98
99
100
101
102
103
104
105
106
107
108
109

EWE GOT THIS!

1
2
3
4
5
6
7
8
9
10
11
12
13
14
15
16
17
18
19
20
21
22
23
24
25
26
27
28
29
30
31
32
33
34
35
36
37
38
39
40
41
42
43
44
45
46
47
48
49
50
51
52
53
54
55
56
57
58
59
60
61
62
63
64
65
66
67
68
69
70
71
72
73
74
75
76
77
78
79
80
81
82
83
84
85

Nut-thing compares to you!

1
2
3
4
5
6
7
8
9
10
11
12
13
14
15
16
17
18
19
20
21
22
23
24
25
26
27
28
29
30
31
32
33
34
35
36
37
38
39
40
41
42
43
44
45
46
47
48
49
50
51
52
53
54
55
56
57
58
59
60
61
62
63
64
65
66
67
68
69
70
71
72
73
74
75
76
77
78
79
80
81
82
83
84
85
86
87
88
89
90
91
92
93
94
95
96
97
98
99
100
101
102
103
104
105
106
107
108
109
110

Make every day Count!

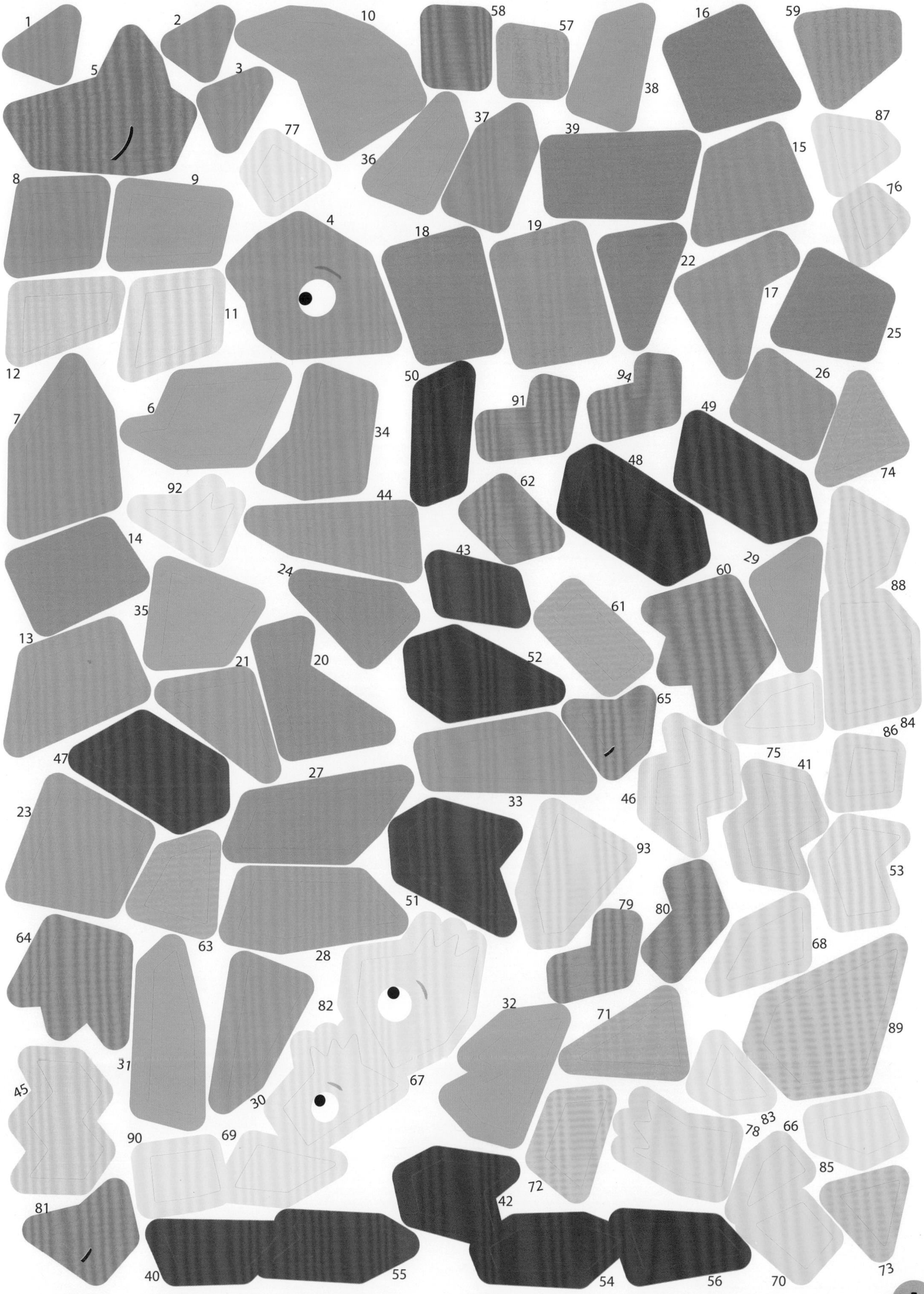
1
2
10
58
57
16
59
5
3
38
77
37
39
87
36
15
8
9
76
4
18
19
22
17
11
25
12
50
94
26
6
91
49
7
34
74
62
48
92
44
14
43
29
24
60
88
61
35
13
21
20
52
65
86
84
47
27
75
41
23
33
46
93
53
51
79
80
64
63
28
68
82
32
71
89
31
45
67
30
83
78
66
90
69
85
72
42
81
40
55
54
56
70
73

1
2
45
48
57
55
52
46
3
4
59
88
47
49
43
42
5
60
6
61
26
38
41
39
54
10
67
33
53
70
51
56
37
40
50
11
66
44
7
28
27
34
62
36
29
31
30
15
12
25
13
69
68
23
72
73
78
83
14
24
71
77
63
81
22
16
21
74
64
82
65
76
17
18
32
87
86
8
79
35
19
85
58
9
20
80
75
84

1
2
5
4
18
7
45
27
3
23
65
16
20
11
6
8
9
21
12
35
15
10
13
17
24
75
78
41
50
26
34
44
25
29
67
68
14
74
64
31
70
22
19
76
36
72
47
48
66
69
32
73
51
77
42
37
33
58
28
53
79
43
71
80
82
52
39
60
55
49
40
54
63
46
81
59
56
61
57
38
62
30

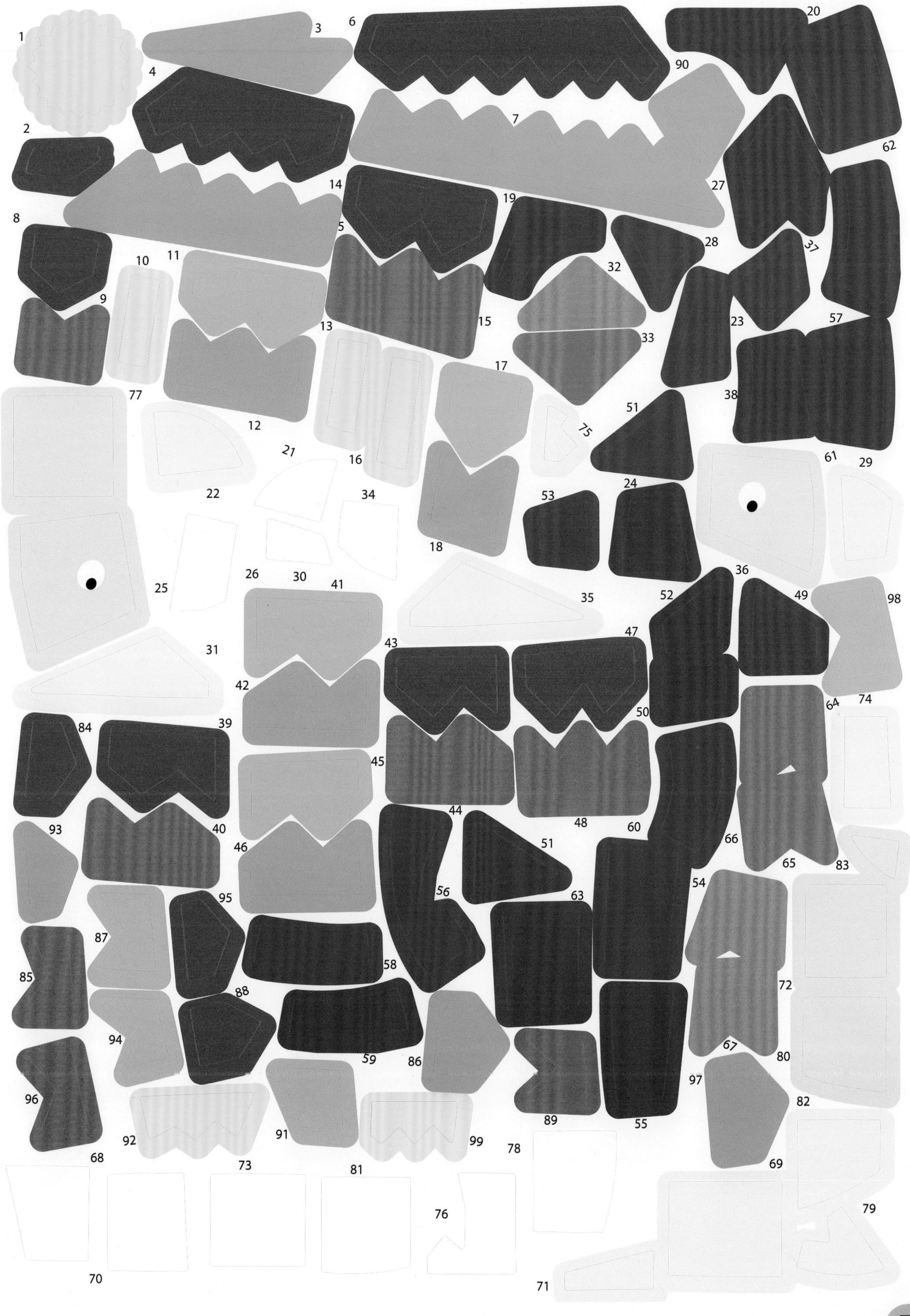
1
3
6
20
4
90
2
7
62
14
19
27
8
5
28
37
10
11
9
32
13
15
23
57
33
17
77
12
51
38
75
21
16
61
29
22
34
53
24
18
26
30
41
25
36
35
52
49
98
31
43
47
42
50
64
74
84
39
45
44
48
60
93
40
46
51
66
65
83
56
63
54
95
87
58
85
88
72
94
59
86
67
80
97
96
82
89
55
92
91
99
78
68
73
81
69
76
79
70
71

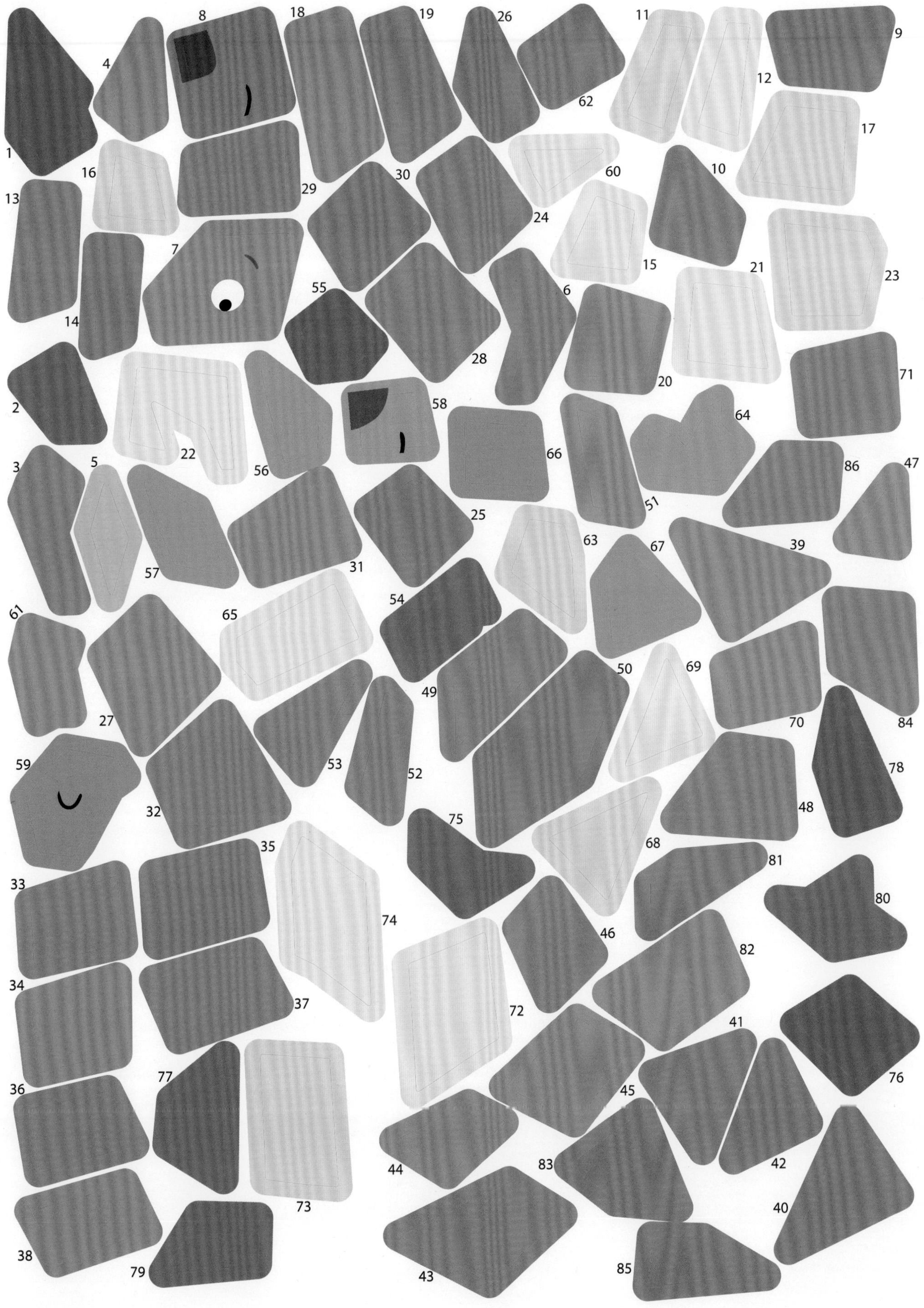

1
4
8
18
19
26
11
9
12
62
17
16
13
29
30
60
10
24
15
21
23
7
55
6
14
28
20
71
2
22
56
58
66
64
3
5
86
47
25
51
63
67
39
57
31
54
61
65
49
50
69
70
84
27
59
53
52
78
48
32
75
68
35
81
33
80
74
46
82
34
37
72
41
77
76
36
45
44
83
42
73
40
38
79
43
85

1
2
15
16
13
60
3
10
20
17
4
14
42
11
5
7
27
81
6
18
12
35
8
28
25
32
23
41
9
38
22
73
49
54
19
26
43
34
77
24
31
44
40
45
48
33
75
46
70
61
64
68
30
29
66
56
69
51
72
53
52
59
62
78
55
37
63
76
79
74
65
58
36
71
47
50
57
80
39
67
21

1
2
3
4
15
7
25
19
14
12
5
17
23
20
6
64
80
79
68
13
16
32
11
9
81
38
39
29
27
30
62
44
43
66
61
33
60
36
31
59
21
75
28
67
78
37
22
56
18
63
77
40
8
71
26
24
58
10
35
74
41
65
34
72
57
76
42
46
70
69
49
47
51
53
73
55
54
50
48
52
45

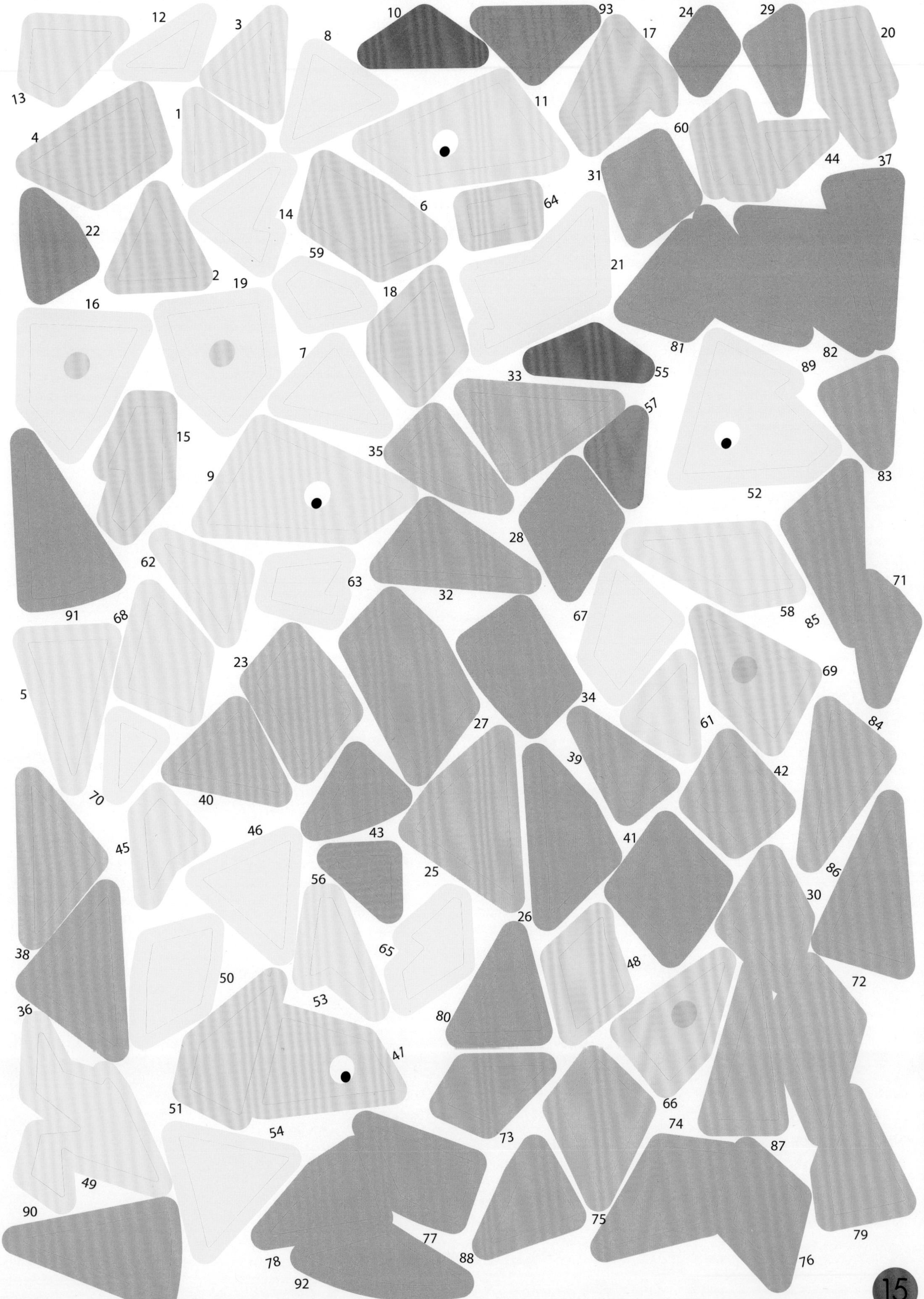
12
3
10
93
24
29
20
8
17
13
11
1
4
60
44
37
31
64
14
6
22
59
2
19
21
18
16
7
81
82
89
33
55
57
15
35
9
83
52
28
62
63
32
71
91
68
67
58
85
23
69
5
34
27
61
84
39
42
70
40
43
41
45
46
25
56
86
30
26
38
65
48
72
50
53
80
36
41
51
66
74
73
54
87
49
90
75
77
79
78
88
76
92

116 117 11 90 13 68
115 101 82
113 14 20 12 76 88
114 52 21
15 16 18 28 34 9
111 17 50 96 59 37
112 105 49
110 108 83 95 63 19
109 107 62 7 35
77 45
106 102 98 84 57
104 43
56 26
94 99 60 54 65 8 64
40 48
71 103 97 32 33 4 5 42
47 27 100
6 85
1 2 3 46 31 41
87 86 30
25 61
91
73 58
55
36 24
39 29 72
10 66 93 92
78 74 51 53
23 79 67 38 44 89
75 69 22 81
70 80

1
2
3
4
5
6
7
8
9
10
11
12
13
14
15
16
17
18
19
20
21
22
23
24
25
26
27
28
29
30
31
32
33
34
35
36
37
38
39
40
41
42
43
44
45
46
47
48
49
50
51
52
53
54
55
56
57
58
59
60
61
62
63
64
65
66
67
68
69
70
71
72
73
74
75
76
77
78
79
80
81
82
83
84
85
86
87
88
89
90
91
92
93
94
95
96
97
98
99
100
101
102
103
104
105
106
107
108
109

57
1
9
5
7
6
3
15
8
13
38
61
62
20
30
16
12
10
4
19
2
14
83
77
11
85
80
76
59
18
17
35
74
75
31
79
32
78
24
33
81
84
46
82
37
29
73
34
40
36
48
72
26
69
23
47
42
28
41
25
39
27
71
65
51
70
60
67
44
55
22
21
63
50
68
52
56
43
53
54
49
45
66
64
58

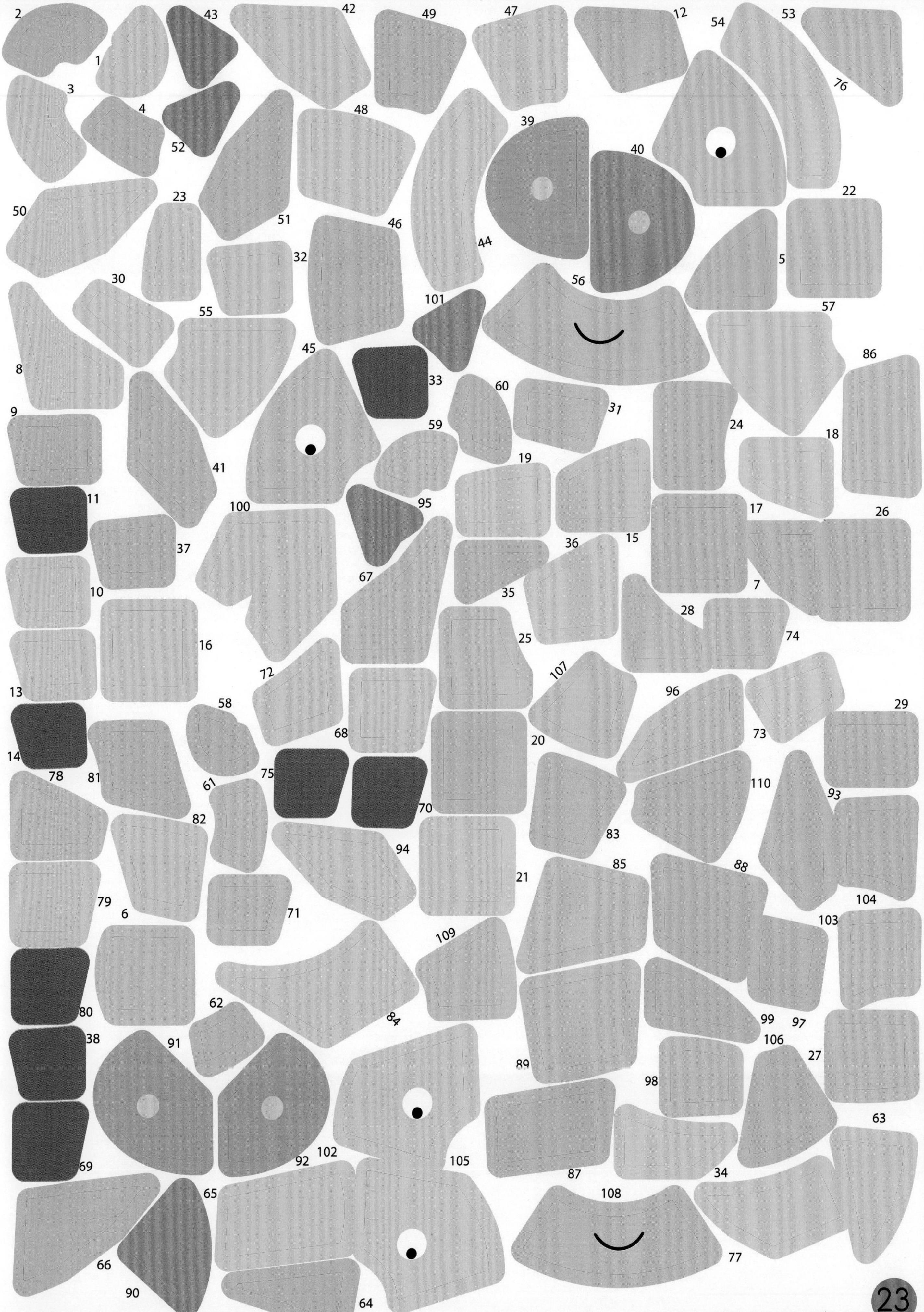
2
1
43
42
49
47
12
54
53
3
4
52
48
76
39
40
50
23
51
46
44
22
32
5
30
56
101
55
57
45
8
33
60
86
31
9
59
24
18
41
19
11
95
17
26
100
37
15
36
67
10
35
7
28
74
16
25
107
72
96
13
58
29
68
73
20
14
78
81
75
61
70
110
93
82
83
94
85
88
21
79
6
71
104
103
109
80
62
84
99
97
38
91
106
27
89
98
63
69
102
92
105
87
34
108
65
77
66
90
64